58 einzigartige Saftrezepte gegen Prostatakrebs:

Natürliche Heilmittel zur Stärkung deines Körpers im Kampf gegen Krebszellen

von

Joe Correa CSN

COPYRIGHT

© 2018 Live Stronger Faster Inc.

Alle Rechte vorbehalten

Vervielfältigung oder Übersetzung einzelner Inhalte dieser Arbeit außer dem in Abschnitt 107 oder 108 des Urheberrechtsgesetzes der Vereinigten Staaten von 1976 erlaubten, ist ohne die Erlaubnis des Urheberrechtsinhaber rechtswidrig.

Diese Veröffentlichung ist dafür, genaue und verbindliche Informationen hinsichtlich des behandelten Themas zur Verfügung zu stellen. Es wird unter der Voraussetzung verkauft, dass weder der Autor noch der Verleger medizinische Beratung leisten. Wenn medizinischer Rat oder Hilfe benötigt wird, bitte einen Arzt konsultieren. Dieses Buch ist nur eine Hilfe und sollte nicht Ihrer Gesundheit schaden. Konsultieren Sie bitte einen Arzt bevor Sie mit diesem Ernährungsplan beginnen, um sicherzustellen, dass es für Sie passt.

DANKSAGUNG

Dieses Buch ist meinen Freunden und meiner Familie gewidmet, die leichte oder ernste Krankheiten hatten, so dass Sie eine Lösung finden und die notwendigen Veränderungen in Ihrem Leben machen.

58 einzigartige Saftrezepte gegen Prostatakrebs:

Natürliche Heilmittel zur Stärkung deines Körpers im Kampf gegen Krebszellen

von

Joe Correa CSN

INHALT

Copyright

Danksagung

Über den Autor

Einführung

Commitment

58 einzigartige Saftrezepte gegen Prostatakrebs: Natürliche Heilmittel zur Stärkung deines Körpers im Kampf gegen Krebszellen

Weitere Titel dieses Autors

ÜBER DEN AUTOR

Nach jahrelanger Forschung glaube ich ehrlich an die positive Wirkung die richtige Ernährung auf den Körper und den Geist haben kann. Meine Kenntnis und Erfahrung haben mir geholfen, im Laufe der Jahre gesünder zu leben, was ich mit meiner Familie und Freunden geteilt habe. Je mehr Sie über gesünderes Essen und Trinken wissen, desto eher werden Sie Ihr Leben und die Essgewohnheiten ändern wollen.

Ernährung ist ein Schlüsselfaktor im Prozess für Gesundheit und ein längeres Leben - also starte noch heute. Der erste Schritt ist der wichtigste und der bedeutungsvollste.

EINFÜHRUNG

58 einzigartige Saftrezepte gegen Prostatakrebs: Natürliche Heilmittel zur Stärkung deines Körpers im Kampf gegen Krebszellen

von Joe Correa CSN

Die Prostata ist eine lebenswichtige Drüse im männlichen Fortpflanzungssystem, die sich um die männliche Harnröhre wickelt. Seine Hauptfunktion ist die Sekretion einer alkalischen Flüssigkeit, die etwa 30% des Samenvolumens ausmacht. Allerdings sind Prostataprobleme eines der häufigsten Gesundheitsprobleme bei Männern. Die Tatsache, dass bei jedem siebten Mann Prostatakrebs diagnostiziert wird, ist einfach überraschend. Diese äußerst schwere Krankheit ist die dritthäufigste Ursache für den Krebstod in den USA. Diese Statistiken deuten darauf hin, dass die Pflege Ihrer reproduktiven Gesundheit und das Erkennen der Symptome von Prostataproblemen von entscheidender Bedeutung ist, um diese Komplikationen zu vermeiden.

Die häufigsten Symptome von Prostataproblemen und Krebs sind Urinanomalien, Schmerzen, schmerzhafte Ejakulation, Becken- oder Bauchschmerzen, Erektionsstörungen, Schwellungen der Extremitäten und

Blut im Urin oder Sperma. Obwohl nicht alle diese Symptome auf Prostatakrebs hindeuten, könnten sie ein Zeichen für einige schwere Krankheiten sein, die eine sofortige medizinische Intervention erfordern. Prostatakrebs kann nur durch eine Gewebebiopsie diagnostiziert werden.

Die Frage ist, was können Sie tun, um Prostatakrebs zu verhindern? Die Antwort liegt in richtiger Ernährung. Unser Körper ist ein wirklich fantastischer Organismus, der die Fähigkeit hat, sich zu verteidigen und zu heilen. Deshalb ist es wichtig, Ihrem Immunsystem zu helfen, stärker zu werden und Ihre allgemeine Gesundheit zu verbessern.

Der Verzehr der richtigen Mengen an Obst und Gemüse reduziert definitiv das Risiko von Prostatakrebs. Die empfohlene Tagesmenge an frischem Obst und Gemüse beträgt ca. 4-5 Portionen. Die meisten Menschen haben einen vollen Terminkalender und deshalb glaube ich definitiv, dass Säfte eine gute Option sind. Obwohl viele Obst- und Gemüsesorten äußerst gesund sind, ist es wichtig zu wissen, welche man kombinieren muss, um den größten Nutzen zu erzielen. Grünes, rotes und orangefarbenes Obst und Gemüse ist mit Carotinoiden beladen, die besonders bei Prostatakrebs von Vorteil sind. Einige der besten Saftzutaten sind: Spinat, Kohl, Löwenzahngrün, Orangen, Grapefruits, Beeren, Karotten und Tomaten. Diese leckeren Früchte und Gemüse sind die

Grundlage der Saftrezepte in diesem Buch. Die meisten dieser Zutaten haben einen relativ neutralen Geschmack und können leicht mit verschiedenen Kräutern und Gewürzen kombiniert werden, um einen hervorragenden Geschmack zu erzielen.

Diese Säfte sind stark genug, um Ihr Immunsystem innerhalb weniger Tage zu stärken und Prostatakrebs zu verhindern.

COMMITMENT

Um meinen Gesundheitszustand zu verbessern, verpflichte ich *(mein Name)* mich, täglich mehr von diesen Nahrungsmitteln zu essen und täglich mindestens 30 Minuten zu trainieren:

- Beeren (vor allem Heidelbeeren), Pfirsiche, Kirschen, Äpfel, Aprikosen, Orangen, Zitronensaft, Grapefruit, Tangerinen, Mandarinen, Birnen, etc.
- Brokkoli, Spinat, Kohlblätter, Süßkartoffeln, Avocado, Artischocke, jungen Mais, Karotten, Sellerie, Blumenkohl, Zwiebeln, etc.
- Vollkorn, Haferschrot, Haferflocken, Quinoa, Gerste, etc.
- Schwarze Bohnen, rote Bohnen, Kichererbsen, Linsen, etc.
- Nüsse und Samen einschließlich: Walnüsse, Cashewnüsse, Leinsamen, Sesamsamen, etc.
- Fisch
- 8 - 10 Gläser Wasser

Hier unterzeichnen

X_____

58 EINZIGARTIGE SAFTREZEPTE GEGEN PROSTATAKREBS: NATÜRLICHE HEILMITTEL ZUR STÄRKUNG DEINES KÖRPERS IM KAMPF GEGEN KREBSZELLEN

1. Tomaten-Rüben-Saft

Zutaten:

4 Kirschtomaten, halbiert

2 ganze Rüben, geschnitten

34 g Brunnenkresse, gerupft

1 Rosmarinzweig

30 ml Wasser

Zubereitung:

Tomaten waschen und den Stengel entfernen. Alle halbieren und zur Seite legen.

Rüben waschen und abschneiden. Das Grün abschneiden und in dünne Scheiben schneiden. Zur Seite stellen.

Brunnenkresse in ein Sieb geben und unter kaltem Wasser

waschen. Mit den Händen rupfen und zur Seite stellen.

Tomaten, Rüben, Gurke, Brunnenkresse und Rosmarin in einen Entsafter geben. Alles zu Saft verarbeiten. In einem Glas anrichten und Wasser einrühren. Bei Bedarf etwas Salz zugeben. Dies ist optional.

Vor dem Servieren für 10 Minuten kalt stellen.

Nährwertangaben pro Portion: Kcal: 63, Proteine: 4,1 g, Kohlenhydrate: 18,7 g, Fette: 0,4 g

2. Karotten-Sellerie-Saft

Zutaten:

1 große Karotte, geschnitten

1 großer Sellerie, gewürfelt

140 g frischer Kohl, gehackt

1 kleiner Granny Smith, entkernt

1 EL flüssiger Honig

Zubereitung:

Karotten waschen und schälen. In dünne Scheiben schneiden und zur Seite stellen.

Sellerie waschen und in mundgerechte Stücke schneiden. Zur Seite stellen.

Kohl in einem Sieb unter kaltem, fließendem Wasser waschen. Etwas abtropfen und mit den Händen rupfen. Zur Seite stellen.

Apfel waschen und der Länge nach halbieren. Kerne entfernen und in mundgerechte Stücke schneiden. Zur Seite stellen.

Karotten, Sellerie, Kohl und Apfel in einen Entsafter geben

und alles zu Saft verarbeiten. In einem Glas anrichten und Honig einrühren.

Etwas Eis zugeben und sofort servieren.

Nährwertangaben pro Portion: Kcal: 179, Proteine: 4,6 g, Kohlenhydrate: 34,3 g, Fette: 1,1 g

3. Spargel-Grapefruit-Saft

Zutaten:

220 g Spargel, geschnitten und gewürfelt

1 ganze Grapefruit, geschält

1 ganze Limette, geschält

1 ganzer Lauch, gewürfelt

30 ml Wasser

Zubereitung:

Spargel waschen und die holzigen Enden abschneiden. In kleine Stücke schneiden und zur Seite stellen.

Grapefruit schälen und in Spalten schneiden. Jede Spalte halbieren und zur Seite legen.

Limette schälen und der Länge nach halbieren. Zur Seite stellen.

Lauch waschen und in mundgerechte Stücke schneiden. Zur Seite stellen.

Spargel, Grapefruit, Limette und Lauch in einen Entsafter geben und zu Saft verarbeiten. In einem Glas anrichten und Wasser einrühren.

Bei Bedarf etwas Honig zugeben. Dies ist optional.

Vor dem Servieren für 10 Minuten kalt stellen.

Guten Appetit!

Nährwertangaben pro Portion: Kcal: 161, Proteine: 6,3 g, Kohlenhydrate: 47,7 g, Fette: 0,8 g

4. Löwenzahnsaft

Zutaten:

55 g frisches Löwenzahngrün, gerupft

2 mittelgroße Selleriestangen, gewürfelt

1 ganze Zitrone, geschält

1 kleiner Granny Smith, entkernt

150 g Gurke, geschnitten

Zubereitung:

Löwenzahn gründlich waschen und mit den Händen in kleine Stücke rupfen. Zur Seite stellen.

Sellerie waschen und in mundgerechte Stücke schneiden. Zur Seite stellen.

Zitrone schälen und der Länge nach halbieren. Zur Seite stellen.

Apfel waschen und halbieren. Kerne entfernen und in mundgerechte Stücke schneiden. Zur Seite stellen.

Gurke waschen und in dünne Scheiben schneiden. Messbecher füllen und den Rest für später aufbewahren.

Löwenzahn, Sellerie, Zitrone, Apfel und Gurke in einen

Entsafter geben und alles zu Saft verarbeiten.

In einem Glas anrichten und vor dem Servieren etwas zerstoßenes Eis zugeben.

Nährwertangaben pro Portion: Kcal: 97, Proteine: 2,9 g, Kohlenhydrate: 29,7 g, Fette: 0,7 g

5. Brokkoli-Bananen-Saft

Zutaten:

180 g Brokkoli, gewürfelt

1 große Banane, geschnitten

1 kleiner grüner Apfel, entkernt

1 kleine Ingwerknolle, geschält

1 EL flüssiger Honig

Zubereitung:

Brokkoli waschen und die äußeren Blätter entfernen. In kleine Stücke schneiden und in den Messbecher geben. Den Rest für später aufbewahren.

Banane schälen und in kleine Stücke schneiden. Zur Seite stellen.

Apfel waschen und halbieren. Kerne entfernen und in mundgerechte Stücke schneiden. Zur Seite stellen.

Ingwer schälen und zur Seite legen.

Brokkoli, Banane, Apfel und Ingwer in einen Entsafter geben und alles zu Saft verarbeiten. In einem Glas anrichten und Honig einrühren.

Vor dem Servieren für 10 Minuten kalt stellen.

Nährwertangaben pro Portion: Kcal: 261, Proteine: 4,8 g, Kohlenhydrate: 57,7 g, Fette: 1,1 g

6. Grüntee-Saft

Zutaten:

1 TL Grüntee

2 EL heißes Wasser

2 ganze Kiwis, geschält

1 mittelgroße Birne, gewürfelt

225 g frischer Spinat, gerupft

20 g frische Minze, grob gehackt

1 ganze Limette, geschält

Zubereitung:

Grüntee und heißes Wasser in eine kleine Schüssel geben. Gut verrühren und für 3 Minuten zum Quellen zur Seite stellen.

Kiwis schälen und der Länge nach halbieren. Zur Seite stellen.

Birne waschen und Kernhaus entfernen. In mundgerechte Stücke schneiden und zur Seite stellen.

Spinat in einem Sieb unter kaltem, fließendem Wasser waschen. Mit den Händen rupfen und zur Seite stellen.

Minze waschen und grob hacken. Messbecher füllen und den Rest für später aufbewahren.

Limette schälen und der Länge nach halbieren. Zur Seite stellen.

Grüntee-Mischung, Kiwis, Birne, Spinat, Minze und Limette in einen Entsafter geben und alles zu Saft verarbeiten. In einem Glas anrichten und Vor dem Servieren etwas Eis zugeben.

Guten Appetit!

Nährwertangaben pro Portion: Kcal: 195, Proteine: 9,4 g, Kohlenhydrate: 62,4 g, Fette: 2,1 g

7. Granatapfel-Spargel-Saft

Zutaten:

450 g Granatapfelkerne

125 g frischer Spargel, geschnitten und gewürfelt

1 ganze Zitrone, geschält

1 EL flüssiger Honig

30 ml Wasser

Zubereitung:

Mit einem scharfen Gemüsemesser den Granatapfel oben abschneiden. An jeder weißen Membrane in der Frucht entlang schneiden. Die Kerne in einen Messbecher geben und zur Seite stellen.

Spargel waschen und die holzigen Enden abschneiden. In mundgerechte Stücke schneiden und zur Seite stellen.

Zitrone schälen und vierteln. Zur Seite stellen.

Granatapfelkerne, Spargel und Zitrone in einen Entsafter geben und alles zu Saft verarbeiten. In einem Glas anrichten und Honig und Wasser einrühren.

Etwas Eis zugeben und genießen!

Nährwertangaben pro Portion: Kcal: 145, Proteine: 5,1 g, Kohlenhydrate: 26,8 g, Fette: 1,3 g

8. Spinat-Tomaten-Saft

Zutaten:

225 g frischer Spinat, gehackt

6 Kirschtomaten, halbiert

150 g Gurke, geschnitten

1 kleine Ingwerknolle, geschält

¼ TL Salz

Zubereitung:

Spinat gründlich unter kaltem, fließendem Wasser waschen. Etwas abtropfen und in kleine Stücke schneiden. Zur Seite stellen.

Kirschtomaten waschen und den Stengel entfernen. Tomaten halbieren und zur Seite legen.

Gurke waschen und in dünne Scheiben schneiden. Messbecher füllen und den Rest für später aufbewahren.

Spinat, Tomaten, Gurke und Ingwer in einen Entsafter geben und alles zu Saft verarbeiten. In einem Glas anrichten und Salz einrühren.

Sofort servieren.

Nährwertangaben pro Portion: Kcal: 52, Proteine: 7,4 g, Kohlenhydrate: 14,5 g, Fette: 1,1 g

9. Wassermelonen-Heidelbeer-Saft

Zutaten:

150 g Wassermelone, gewürfelt

200 g Heidelbeeren

1 ganze Limette, geschält

40 g frischer Basilikum, gerupft

¼ TL Cayennepfeffer, gemahlen

30 ml Wasser

Zubereitung:

Eine große Wassermelonenspalte abschneiden. Mit einem scharfen Gemüsemesser schälen und in kleine Stücke schneiden. Kerne entfernen und zur Seite legen.

Heidelbeeren in ein großes Sieb geben. Unter kaltem, fließendem Wasser waschen und zur Seite stellen.

Limette schälen und der Länge nach halbieren. Zur Seite stellen.

Basilikum waschen und mit den Händen rupfen. Zur Seite stellen.

Wassermelone, Heidelbeeren, Limette und Basilikum in

einen Entsafter geben. Alles zu Saft verarbeiten. In einem Glas anrichten und Cayennepfeffer und Wasser einrühren.

Vor dem Servieren für 10 Minuten kalt stellen.

Nährwertangaben pro Portion: Kcal: 198, Proteine: 4,1 g, Kohlenhydrate: 58,7 g, Fette: 1,4 g

10. Karotten-Pflaumen-Saft

Zutaten:

150 g Babymöhren, geschnitten

4 ganze Pflaumen, gewürfelt

75 g Römersalat, gehackt

75 g Sareptasenf, gerupft

30 ml Wasser

Zubereitung:

Karotten waschen und schälen. In dünne Scheiben schneiden entfernen und in den Messbecher geben. Den Rest im Kühlschrank aufbewahren.

Pflaumen waschen und halbieren. Kerne entfernen und zur Seite legen.

Salat und Sareptasenf in ein großes Sieb geben. Unter kaltem, fließendem Wasser waschen. Salat und Grün des Sareptasenf mit den Händen rupfen. Zur Seite stellen.

Karotten, Pflaumen, Salat und Sareptasenf in einen Entsafter geben und alles zu Saft verarbeiten. In einem Glas anrichten und Wasser einrühren.

Kalt servieren.

Nährwertangaben pro Portion: Kcal: 128, Proteine: 4,8 g, Kohlenhydrate: 39,1 g, Fette: 1,3 g

11. Paprika-Avocado-Saft

Zutaten:

2 mittelgroße rote Paprika, gewürfelt

150 g Avocado, geschnitten

100 g Rotkohl, gehackt

1 ganzer Lauch, gewürfelt

1 ganze Limette, geschält

Zubereitung:

Paprika waschen und halbieren. Kerne entfernen und in kleine Stücke schneiden. Zur Seite stellen.

Avocado schälen und der Länge nach halbieren. In dünne Scheiben schneiden und den Rest im Kühlschrank aufbewahren. Zur Seite stellen.

Kohl gründlich waschen und in kleine Stücke schneiden. Zur Seite stellen.

Lauch waschen und in mundgerechte Stücke schneiden. Zur Seite stellen.

Limette schälen und der Länge nach halbieren. Zur Seite stellen.

Paprika, Avocado, Kohl, Lauch und Limette in einen Entsafter geben und alles zu Saft verarbeiten. In einem Glas anrichten und vor dem Servieren 15 Minuten kalt stellen.

Guten Appetit!

Nährwertangaben pro Portion: Kcal: 327, Proteine: 8,1 g, Kohlenhydrate: 49,6 g, Fette: 22,5 g

12. Grapefruit-Mango-Saft

Zutaten:

1 ganze Grapefruit, geschält

165 g Mango, gewürfelt

20 g frische Minze, grob gehackt

1 große Banane, geschält

2 große Erdbeeren, gewürfelt

Zubereitung:

Grapefruit schälen und in Spalten schneiden. Jede Spalte halbieren und zur Seite legen.

Mango schälen und in kleine Stücke schneiden. Messbecher füllen und den Rest im Kühlschrank aufbewahren. Zur Seite stellen.

Minze gründlich waschen und mit den Händen rupfen. Zur Seite stellen.

Banane schälen und in kleine Stücke schneiden. Zur Seite stellen.

Erdbeeren waschen und den Stengel entfernen. In mundgerechte Stücke schneiden und zur Seite stellen.

Grapefruit, Mango, Minze, Banane und Erdbeeren in einen Entsafter geben und alles zu Saft verarbeiten. In einem Glas anrichten und vor dem Servieren ein paar Eiswürfel zugeben.

Guten Appetit!

Nährwertangaben pro Portion: Kcal: 301, Proteine: 5,9 g, Kohlenhydrate: 88,5 g, Fette: 1,7 g

13. Rüben-Zitronen-Saft

Zutaten:

1 ganze Rübe, geschnitten

1 ganze Zitrone, geschält

150 g Gurke, geschnitten

1 mittelgroße Orange, geschält

1 EL flüssiger Honig

Zubereitung:

Rüben waschen und die grünen Blätter entfernen. In dünne Scheiben schneiden und zur Seite stellen.

Zitrone schälen und vierteln. Zur Seite stellen.

Gurke waschen und in dünne Scheiben schneiden. Messbecher füllen und den Rest im Kühlschrank aufbewahren.

Orangen schälen und in Spalten schneiden. Jede Spalte halbieren und zur Seite legen.

Rübe, Zitrone, Gurke und Orange in einen Entsafter geben und alles zu Saft verarbeiten. In einem Glas anrichten und Honig einrühren.

Etwas Eis zugeben und sofort servieren.

Nährwertangaben pro Portion: Kcal: 154, Proteine: 3,5 g, Kohlenhydrate: 30,5 g, Fette: 0,5 g

14. Grüne Bohnen-Saft

Zutaten:

150 g grüne Bohnen, gewürfelt

1 mittelgroßer Granny Smith, entkernt

1 mittelgroße Selleriestange, in mundgerechte Stücke geschnitten

225 g frischer Spinat, gehackt

Zubereitung:

Grüne Bohnen waschen und in mundgerechte Stücke schneiden. Messbecher füllen und den Rest für später aufbewahren.

Apfel waschen und halbieren. Kerne entfernen und in kleine Stücke schneiden. Zur Seite stellen.

Sellerie waschen und in mundgerechte Stücke schneiden. Zur Seite stellen.

Spinat gründlich unter kaltem, fließendem Wasser waschen. In kleine Stücke schneiden und in den Messbecher geben. Den Rest für später aufbewahren.

Grüne Bohnen, Apfel, Sellerie und Spinat in einen Entsafter geben und alles zu Saft verarbeiten. In einem Glas anrichten und vor dem Servieren etwas Eis zugeben.

Guten Appetit!

Nährwertangaben pro Portion: Kcal: 140, Proteine: 8,5 g, Kohlenhydrate: 37,3 g, Fette: 1,4 g

15. Paprika-Kohl-Saft

Zutaten:

1 mittelgroße rote Paprika, gewürfelt

140 g frischer Kohl, gehackt

50 g Petersilie, gerupft

1 große Selleriestange, gewürfelt

150 g Gurke, geschnitten

30 ml Wasser

Zubereitung:

Paprika waschen und der Länge nach halbieren. Kerne entfernen und Stiel entfernen. In mundgerechte Stücke schneiden und zur Seite stellen.

Kohl gründlich unter kaltem, fließendem Wasser waschen. Etwas abtropfen und in kleine Stücke schneiden. Zur Seite stellen.

Petersilie waschen und mit den Händen rupfen. Messbecher füllen und den Rest für später aufbewahren.

Selleriestangen waschen und in mundgerechte Stücke schneiden. Zur Seite stellen.

Gurke waschen und in dünne Scheiben schneiden. Messbecher füllen und den Rest für später aufbewahren.

Paprika, Kohl, Petersilie, Sellerie und Gurke in einen Entsafter geben und alles zu Saft verarbeiten. In einem Glas anrichten und Wasser einrühren. Etwas Eis zugeben und sofort servieren.

Guten Appetit!

Nährwertangaben pro Portion: Kcal: 77, Proteine: 6,6 g, Kohlenhydrate: 20,6 g, Fette: 1,6 g

16. Basilikum-Zucchini-Saft

Zutaten:

40 g frischer Basilikum, gehackt

1 mittelgroße Zucchini, geschnitten

1 ganze Zitrone, geschält

1 ganze Limette, geschält

30 ml Wasser

Zubereitung:

Basilikum gründlich unter kaltem, fließendem Wasser waschen. Etwas abtropfen und in kleine Stücke schneiden. Zur Seite stellen.

Zucchini waschen und in dünne Scheiben schneiden. Zur Seite stellen.

Zitrone und Limette schälen. Jede Frucht vierteln und zur Seite legen.

Basilikum, Zucchini, Zitrone und Limette in einen Entsafter geben. Alles zu Saft verarbeiten. In einem Glas anrichten und Wasser einrühren.

Vor dem Servieren für 10 Minuten kalt stellen.

Nährwertangaben pro Portion: Kcal: 50, Proteine: 3,9 g, Kohlenhydrate: 15,8 g, Fette: 0,9 g

17. Heidelbeer-Trauben-Saft

Zutaten:

100 g Heidelbeeren

160 g dunkle Trauben

1 kleiner Apfel Golden Delicious, entkernt

¼ TL Zimt, gemahlen

Zubereitung:

Heidelbeeren in einem Sieb waschen. Etwas abtropfen und zur Seite stellen.

Trauben waschen und in den Messbecher geben. Den Rest für später aufbewahren.

Apfel waschen und halbieren. Kerne entfernen und in mundgerechte Stücke schneiden. Zur Seite stellen.

Heidelbeeren, Trauben und Apfel in einen Entsafter geben und alles zu Saft verarbeiten. In einem Glas anrichten und Zimt einrühren.

Vor dem Servieren etwas Eis zugeben und genießen!

Nährwertangaben pro Portion: Kcal: 191, Proteine: 2,1 g, Kohlenhydrate: 54,7 g, Fette: 1 g

18. Mango-Himbeer-Saft

Zutaten:

165 g Mango, gewürfelt

125 g Himbeeren

1 kleiner Pfirsich, entsteint

3 ganze Aprikosen, gewürfelt

Zubereitung:

Mango schälen und in kleine Stücke schneiden. Messbecher füllen und den Rest für später aufbewahren.

Himbeeren in einem Sieb waschen. Etwas abtropfen und in den Messbecher geben. Den Rest im Kühlschrank oder Gefrierschrank aufbewahren.

Pfirsich waschen und halbieren. Kern entfernt und in mundgerechte Stücke scheiden. Zur Seite stellen.

Aprikosen waschen und halbieren. Kerne entfernen und vierteln. Zur Seite stellen.

Mango, Himbeeren, Pfirsich und Aprikosen in einen Entsafter geben und alles zu Saft verarbeiten. In einem Glas anrichten und vor dem Servieren 10 Minuten kalt stellen.

Bei Bedarf mit etwas frischer Minze garnieren. Dies ist optional.

Nährwertangaben pro Portion: Kcal: 206, Proteine: 5,5 g, Kohlenhydrate: 63,5 g, Fette: 2,1 g

19. Ananas-Rüben-Saft

Zutaten:

225 g Ananas, gewürfelt

1 ganze Rübe, geschnitten

1 kleine Orange, in Spalten geschnitten

2 EL Kokoswasser

¼ TL Ingwer, gemahlen

Zubereitung:

Mit einem scharfen Gemüsemesser die Ananas oben abschneiden und schälen. In kleine Stücke schneiden und in den Messbecher geben. Den Rest der Ananas im Kühlschrank aufbewahren.

Rübe waschen und abschneiden. In kleine Scheiben schneiden und zur Seite stellen.

Orangen schälen und in Spalten schneiden. Jede Spalte halbieren und zur Seite legen.

Ananas, Rübe und Orange in einen Entsafter geben und alles zu Saft verarbeiten. In einem Glas anrichten und Kokoswasser und Ingwer einrühren.

Etwas zerstoßenes Eis zugeben und sofort servieren.

Nährwertangaben pro Portion: Kcal: 135, Proteine: 3,1 g, Kohlenhydrate: 40,7 g, Fette: 0,5 g

20. Kiwi-Bananen-Saft

Zutaten:

3 ganze Kiwis, geschält

1 große Banane, gewürfelt

1 große Erdbeere, gewürfelt

1 kleiner Apfel, entkernt

¼ TL Zimt, gemahlen

Zubereitung:

Kiwis schälen und der Länge nach halbieren. Zur Seite stellen.

Banane schälen und in kleine Stücke schneiden. Zur Seite stellen.

Erdbeere waschen und Stängel entfernen. In kleine Stücke schneiden und zur Seite stellen.

Apfel waschen und halbieren. Kerne entfernen und in mundgerechte Stücke schneiden. Zur Seite stellen.

Kiwis, Banane, Erdbeere und Apfel in einen Entsafter geben und alles zu Saft verarbeiten. In einem Glas anrichten und Zimt einrühren.

Vor dem Servieren für 10 Minuten kalt stellen.

Guten Appetit!

Nährwertangaben pro Portion: Kcal: 292, Proteine: 4,4 g, Kohlenhydrate: 85 g, Fette: 1,9 g

21. Avocado-Zitronen-Saft

Zutaten:

150 g Avocado, gewürfelt

1 ganze Zitrone, geschält

100 g Cranberries

150 g Gurke, geschnitten

225 g Kirschen, entsteint

Zubereitung:

Avocado schälen und in kleine Würfel schneiden. Messbecher füllen und den Rest im Kühlschrank aufbewahren. Zur Seite stellen.

Zitrone schälen und der Länge nach halbieren. Zur Seite stellen.

Cranberries waschen und zur Seite stellen.

Gurke waschen und in Scheiben schneiden. Messbecher füllen und den Rest für später aufbewahren.

Kirschen waschen und halbieren. Kerne entfernen und zur Seite legen.

Avocado, Cranberries, Gurke und Kirschen in einen

Entsafter geben und alles zu Saft verarbeiten. In einem Glas anrichten und Vor dem Servieren etwas Eis zugeben.

Guten Appetit!

Nährwertangaben pro Portion: Kcal: 321, Proteine: 5,8 g, Kohlenhydrate: 54,4 g, Fette: 22,6 g

22. Granatapfel-Brombeer-Saft

Zutaten:

450 g Granatapfelkerne

144 g Brombeeren

1 ganze Zitrone, geschält

1 mittelgroße Karotte, geschnitten

30 ml Wasser

Zubereitung:

Mit einem scharfen Gemüsemesser den Granatapfel oben abschneiden. An jeder weißen Membrane in der Frucht entlang schneiden. Die Kerne in einen Messbecher geben und zur Seite stellen.

Brombeeren in einem Sieb waschen. Messbecher füllen und den Rest für später aufbewahren. Zur Seite stellen.

Zitrone schälen und der Länge nach halbieren. Zur Seite stellen.

Karotten waschen und schälen. In dünne Scheiben schneiden und zur Seite stellen.

Granatapfelkerne, Brombeeren, Zitrone und Karotte in

einen Entsafter geben. Alles zu Saft verarbeiten und in ein Glas geben.

Etwas Eis zugeben oder vor dem Servieren kalt stellen.

Nährwertangaben pro Portion: Kcal: 119, Proteine: 4,6 g, Kohlenhydrate: 41,3 g, Fette: 2,1 g

23. Sellerie-Kohl-Saft

Zutaten:

225 g Sellerie, gewürfelt

140 g frischer Kohl, gerupft

20 g frische Minze, gerupft

1 ganze Limette, geschält

1 kleiner Granny Smith, entkernt

Zubereitung:

Sellerie waschen und in kleine Stücke schneiden. Messbecher füllen und zur Seite stellen.

Kohl und Minze in ein großes Sieb geben. Gründlich unter kaltem, fließendem Wasser waschen. Etwas abtropfen und mit den Händen rupfen. Zur Seite stellen.

Limette schälen und in kleine Stücke schneiden. Zur Seite stellen.

Apfel waschen und halbieren. Kerne entfernen und in mundgerechte Stücke schneiden. Zur Seite stellen.

Sellerie, Kohl, Minze, Limette und Apfel in einen Entsafter geben und alles zu Saft verarbeiten. In einem Glas anrichten und Vor dem Servieren etwas Eis zugeben.

Guten Appetit!

Nährwertangaben pro Portion: Kcal: 121, Proteine: 5,3 g, Kohlenhydrate: 35,8 g, Fette: 1,3 g

24. Kartoffel-Zucchini-Saft

Zutaten:

120 g Süßkartoffel, gewürfelt

1 kleine Zucchini, geschnitten

1 kleiner Apfel, entkernt

¼ TL Ingwer, gemahlen

Zubereitung:

Süßkartoffel schälen und in kleine Würfel schneiden. Messbecher füllen und den Rest für später aufbewahren.

Zucchini schälen und in dünne Scheiben schneiden. Zur Seite stellen.

Apfel waschen und halbieren. Kerne entfernen und in mundgerechte Stücke schneiden. Zur Seite stellen.

Süßkartoffel, Zucchini und Apfel in einen Entsafter geben. Alles zu Saft verarbeiten. In einem Glas anrichten und Ingwer einrühren.

Vor dem Servieren für 10 Minuten kalt stellen.

Guten Appetit!

Nährwertangaben pro Portion: Kcal: 181, Proteine: 4,2 g, Kohlenhydrate: 50,1 g, Fette: 0,7 g

25. Aprikose-Pflaumen-Saft

Zutaten:

2 ganze Aprikosen, entsteint

2 ganze Pflaumen, gewürfelt

225 g Kirschen, entsteint

1 kleine Orange, geschält

1 EL Kokoswasser

Zubereitung:

Aprikosen waschen und halbieren. Kerne entfernen und in kleine Stücke schneiden. Zur Seite stellen.

Pflaumen waschen und halbieren. Kerne entfernen und in mundgerechte Stücke schneiden. Zur Seite stellen.

Kirschen in einem Sieb waschen. Kerne entfernen und zur Seite legen.

Orangen schälen und in Spalten schneiden. Jede Spalte halbieren und zur Seite legen.

Aprikosen, Pflaumen, Kirschen und Orangen in einen Entsafter geben und zu Saft verarbeiten. In einem Glas anrichten und das Kokoswasser einrühren.

Vor dem Servieren für 10 Minuten kalt stellen.

Guten Appetit!

Nährwertangaben pro Portion: Kcal: 191, Proteine: 4,3 g, Kohlenhydrate: 56,3 g, Fette: 1,1 g

26. Fenchel-Brokkoli-Saft

Zutaten:

90 g Fenchel, gewürfelt

180 g Brokkoli, gewürfelt

100 g Rosenkohl, halbiert

34 g Brunnenkresse, gerupft

150 g Gurke, geschnitten

Zubereitung:

Fenchel waschen und die äußeren Blätter entfernen. Mit einem scharfen Gemüsemesser in kleine Stücke schneiden und in den Messbecher geben. Den Rest für später aufbewahren.

Brokkoli waschen und in kleine Stücke schneiden. Messbecher füllen und den Rest im Kühlschrank aufbewahren. Zur Seite stellen.

Rosenkohl waschen und die äußeren Blätter entfernen. Halbieren und zur Seite legen.

Brunnenkresse unter kaltem, fließendem Wasser waschen. Etwas abtropfen und mit den Händen rupfen. Zur Seite stellen.

Gurke waschen und in dünne Scheiben schneiden. Messbecher füllen und den Rest für später aufbewahren.

Fenchel, Brokkoli, Rosenkohl, Brunnenkresse und Gurke in einen Entsafter geben und alles zu Saft verarbeiten. In einem Glas anrichten und vor dem Servieren 10 Minuten kalt stellen.

Guten Appetit!

Nährwertangaben pro Portion: Kcal: 72, Proteine: 7,7 g, Kohlenhydrate: 22,6 g, Fette: 0,8 g

27. Cranberry-Birnen-Saft

Zutaten:

100 g Cranberries

1 mittelgroße Birne, gewürfelt

1 ganze Zitrone, geschält

100 g Erdbeeren, geschnitten

1 kleine Ingwerknolle, geschält

30 ml Wasser

Zubereitung:

Cranberries waschen und in den Messbecher geben. Zur Seite stellen.

Birne waschen und halbieren. Kerne entfernen und in kleine Stücke schneiden. Zur Seite stellen.

Zitrone schälen und halbieren. Zur Seite stellen.

Erdbeeren waschen und den Stengel entfernen. In kleine Stücke schneiden und in den Messbecher geben. Zur Seite stellen.

Ingwer schälen und zur Seite legen.

Cranberries, Birne, Zitrone, Erdbeeren und Ingwer in einen Entsafter geben und alles zu Saft verarbeiten. In einem Glas anrichten und Wasser einrühren.

Kalt servieren.

Nährwertangaben pro Portion: Kcal: 143, Proteine: 2,4 g, Kohlenhydrate: 52,7 g, Fette: 0,8 g

28. Rübengrün-Karotten-Saft

Zutaten:

40 g Rübengrün, gerupft

1 große Karotte, geschnitten

1 mittelgroße Orange, geschält

160 g Cantaloupe-Melone, gewürfelt

¼ TL Ingwer, gemahlen

Zubereitung:

Rübengrün gründlich unter kaltem, fließendem Wasser waschen. Abtropfen und mit den Händen rupfen. Zur Seite stellen.

Karotten waschen und in dünne Scheiben schneiden. Zur Seite stellen.

Orangen schälen und in Spalten schneiden. Jede Spalte halbieren und zur Seite legen.

Cantaloupe-Melone halbieren. Kerne entfernen und eine große Spalte abschneiden. Waschen und in kleine Stücke schneiden. Messbecher füllen und den Rest der Cantaloupe-Melone im Kühlschrank aufbewahren.

Rübengrün, Karotten, Orange und Cantaloupe-Melone in einen Entsafter geben und alles zu Saft verarbeiten. In einem Glas anrichten und Ingwer einrühren.

Kalt servieren.

Nährwertangaben pro Portion: Kcal: 99, Proteine: 3,5 g, Kohlenhydrate: 30,5 g, Fette: 0,6 g

29. Kohlblätter-Gurken-Saft

Zutaten:

200 g Kohlblätter, gehackt

150 g Gurke, geschnitten

1 ganze Limette, geschält

35 g Mangold, gewürfelt

1 große Selleriestange, gewürfelt

30 ml Wasser

¼ TL Salz

Zubereitung:

Kohlblätter und Mangold in ein großes Sieb geben. Unter kaltem, fließendem Wasser waschen und etwas abtropfen. In kleine Stücke schneiden und zur Seite stellen.

Gurke waschen und in dünne Scheiben schneiden. Messbecher füllen und den Rest im Kühlschrank aufbewahren.

Limette schälen und der Länge nach halbieren. Zur Seite stellen.

Sellerie waschen und in kleine Stücke schneiden. Zur Seite

stellen.

Kohlblätter, Gurke, Limette, Mangold, Sellerie in einen Entsafter geben und alles zu Saft verarbeiten. In einem Glas anrichten und Wasser und Salz einrühren. Vor dem Servieren für 10 Minuten kalt stellen.

Guten Appetit!

Nährwertangaben pro Portion: Kcal: 40, Proteine: 3,8 g, Kohlenhydrate: 12,7 g, Fette: 0,7 g

30. Kürbis-Paprika-Saft

Zutaten:

115 g Kürbis, gewürfelt

1 große gelbe Paprika, gewürfelt

1 kleine Zucchini, geschnitten

¼ TL Zimt, gemahlen

Zubereitung:

Kürbis der Länge nach halbieren. Kerne entfernen und eine große Spalte abschneiden. Schälen und in den Messbecher geben. Den Rest des Kürbis in Frischhaltefolie wickeln und kühl stellen.

Paprika waschen und halbieren. Kerne und Stiel entfernen. In mundgerechte Stücke schneiden und zur Seite stellen.

Zucchini gründlich waschen und in dünne Scheiben schneiden. Zur Seite stellen.

Kürbis, Paprika und Zucchini in einen Entsafter geben und alles zu Saft verarbeiten. In einem Glas anrichten und Zimt einrühren.

Vor dem Servieren für 10 Minuten kalt stellen.

Guten Appetit!

Nährwertangaben pro Portion: Kcal: 86, Proteine: 4,5 g, Kohlenhydrate: 22,9 g, Fette: 0,9 g

31. Kohl-Sellerie-Saft

Zutaten:

140 g frischer Kohl, gehackt

2 mittelgroße Selleriestangen, gewürfelt

1 kleiner Apfel, entkernt

75 g Römersalat, gehackt

Zubereitung:

Kohl gründlich unter kaltem, fließendem Wasser waschen. Etwas abtropfen und in kleine Stücke schneiden. Zur Seite stellen.

Selleriestange waschen und in mundgerechte Stücke schneiden. Zur Seite stellen.

Apfel waschen und halbieren. Kerne entfernen und in kleine Stücke schneiden. Zur Seite stellen.

Salatblätter gründlich waschen und klein schneiden. Messbecher füllen und den Rest für später aufbewahren.

Kohl, Sellerie, Apfel und Salat in einen Entsafter geben und alles zu Saft verarbeiten. In einem Glas anrichten und Vor dem Servieren etwas Eis zugeben.

Guten Appetit!

Nährwertangaben pro Portion: Kcal: 103, Proteine: 4,6 g, Kohlenhydrate: 29,4 g, Fette: 1,2 g

32. Melone-Limetten-Saft

Zutaten:

1 mittelgroße Spalte Honigmelone

1 ganze Limette, geschält

1 kleiner Granny Smith, entkernt

1 große Banane, geschält

¼ TL Zimt, gemahlen

Zubereitung:

Eine große Spalte Honigmelone schneiden und schälen. Kerne entfernen und in mundgerechte Stücke schneiden. Den Rest der Melone in Frischhaltefolie wickeln und kühl stellen.

Limette schälen und der Länge nach halbieren. Zur Seite stellen.

Apfel waschen und halbieren. Kerne entfernen und in mundgerechte Stücke schneiden. Zur Seite stellen.

Banane schälen und in kleine Stücke schneiden. Zur Seite stellen.

Melone, Limette, Apfel und Banane in einen Entsafter

geben und alles zu Saft verarbeiten. In einem Glas anrichten und Zimt einrühren.

Vor dem Servieren für 10 Minuten kalt stellen.

Nährwertangaben pro Portion: Kcal: 226, Proteine: 4,6 g, Kohlenhydrate: 29,4 g, Fette: 1,2 g

33. Guave-Kirsch-Saft

Zutaten:

1 ganze Guave, geschält

225 g Kirschen, entsteint

1 mittelgroße Orange, in Spalten geschnitten

1 ganze Aprikose, entsteint

Zubereitung:

Guave schälen und in kleine Stücke schneiden. Zur Seite stellen.

Kirschen in einem Sieb waschen. Stiele entfernen und halbieren. Kerne entfernen und in den Messbecher geben. Zur Seite stellen.

Orangen schälen und in Spalten schneiden. Jede Spalte halbieren und zur Seite legen.

Aprikose waschen und halbieren. Kern entfernt und in mundgerechte Stücke scheiden. Zur Seite stellen.

Guave, Kirschen, Orange und Aprikose in einen Entsafter geben und alles zu Saft verarbeiten. In einem Glas anrichten und etwas Eis zugeben.

Sofort servieren.

Nährwertangaben pro Portion: Kcal: 173, Proteine: 4,7 g, Kohlenhydrate: 51,8 g, Fette: 1,1 g

34. Mango-Kiwi-Saft

Zutaten:

165 g Mango, gewürfelt

1 ganze Kiwi, geschält

225 g frischer Spinat, gehackt

1 kleine Ingwerknolle, geschält

2 EL Kokoswasser

Zubereitung:

Mango schälen und in kleine Stücke schneiden. Messbecher füllen und den Rest im Kühlschrank aufbewahren.

Kiwi schälen und der Länge nach halbieren. Zur Seite stellen.

Spinat gründlich unter kaltem, fließendem Wasser waschen. Etwas abtropfen und in kleine Stücke schneiden. Zur Seite stellen.

Ingwer schälen und zur Seite legen.

Mango, Kiwi, Spinat und Ingwer in einen Entsafter geben und alles zu Saft verarbeiten. In einem Glas anrichten und das Kokoswasser einrühren. Vor dem Servieren für 10 Minuten kalt stellen.

Guten Appetit!

Nährwertangaben pro Portion: Kcal: 190, Proteine: 9,1 g, Kohlenhydrate: 53,6 g, Fette: 2,2 g

35. Granatapfel-Pflaumen-Saft

Zutaten:

450 g Granatapfelkerne

2 ganze Pflaumen, entsteint

1 kleiner Apfel Golden Delicious, entkernt

1 große Erdbeere, gewürfelt

Zubereitung:

Mit einem scharfen Gemüsemesser den Granatapfel oben abschneiden. An jeder weißen Membrane in der Frucht entlang schneiden. Die Kerne in einen Messbecher geben und zur Seite stellen.

Pflaumen waschen und der Länge nach halbieren. Kerne entfernen und in kleine Stücke schneiden. Zur Seite stellen.

Apfel waschen und halbieren. Kerne entfernen und in mundgerechte Stücke schneiden. Zur Seite stellen.

Erdbeere waschen und Stängel entfernen. In kleine Stücke schneiden und zur Seite stellen.

Granatapfelkerne, Pflaumen, Apfel und Erdbeere in einen Entsafter geben und alles zu Saft verarbeiten. In einem Glas anrichten und etwas zerstoßenes Eis zugeben.

Sofort servieren.

Nährwertangaben pro Portion: Kcal: 176, Proteine: 2,8 g, Kohlenhydrate: 50,3 g, Fette: 1,6 g

36. Wassermelonen-Cranberry-Saft

Zutaten:

150 g Wassermelone, gewürfelt

100 g ganze Cranberries

1 ganze Zitrone, geschält

20 g frische Minze, gehackt

1 EL flüssiger Honig

Zubereitung:

Wassermelone der Länge nach halbieren. Für 150 g brauchen Sie ungefähr 1 große Spalte. Schälen und in Stücke schneiden. Kerne entfernen und zur Seite legen. Den Rest für einen anderen Saft aufbewahren.

Cranberries in einem Sieb waschen. Messbecher füllen und den Rest im Kühlschrank aufbewahren.

Zitrone schälen und der Länge nach halbieren. Zur Seite stellen.

Minze gründlich unter kaltem, fließendem Wasser waschen und grob hacken. Zur Seite stellen.

Wassermelone, Cranberries, Zitrone und Minze in einen

Entsafter geben und alles zu Saft verarbeiten. In einem Glas anrichten und Honig einrühren.

Ein paar Eiswürfel zugeben und sofort servieren.

Guten Appetit!

Nährwertangaben pro Portion: Kcal: 93, Proteine: 2,9 g, Kohlenhydrate: 32,8 g, Fette: 0,7 g

37. Trauben-Ananas-Saft

Zutaten:

160 g dunkle Trauben

225 g Ananas, gewürfelt

1 TL Vanilleextrakt

Zubereitung:

Trauben und 240 ml Wasser in einen dickbodigen Topf geben. Bei mittlerer Temperatur zum Kochen bringen und dabei gelegentlich umrühren. Vanilleextrakt unterrühren und vom Herd nehmen. Zum Kühlen zur Seite stellen.

Ananas oben abschneiden. Mit einem scharfen Gemüsemesser schälen und in kleine Stücke schneiden. Messbecher füllen und den Rest für später aufbewahren.

Traubenmischung und Ananas in einen Entsafter geben und alles zu Saft verarbeiten. In einem Glas anrichten und vor dem Servieren 20 Minuten kalt stellen.

Mit etwas frischer Minze garnieren, aber dies ist optional.

Guten Appetit!

Nährwertangaben pro Portion: Kcal: 200, Proteine: 2,1 g, Kohlenhydrate: 57 g, Fette: 0,8 g

38. Tomaten-Sellerie-Saft

Zutaten:

5 Kirschtomaten, halbiert

1 große Selleriestange, gewürfelt

150 g Gurke, geschnitten

50 g frische Petersilie, gehackt

¼ TL Salz

¼ TL schwarzer Pfeffer, gemahlen

½ TL Tabascosoße

30 ml Wasser

Zubereitung:

Kirschtomaten waschen und den Stengel entfernen. Tomaten halbieren und zur Seite legen.

Selleriestangen waschen und in mundgerechte Stücke schneiden. Zur Seite stellen.

Gurke waschen und in dünne Scheiben schneiden. Messbecher füllen und den Rest für später aufbewahren.

Petersilie in ein Sieb geben und gründlich waschen. Etwas

abtropfen und in kleine Stücke schneiden. Zur Seite stellen.

Kirschtomaten, Sellerie, Gurke und Petersilie in einen Entsafter geben und alles zu Saft verarbeiten. In einem Glas anrichten und Salz, Pfeffer, Tabascosoße, und Wasser einrühren.

Sofort servieren!

Nährwertangaben pro Portion: Kcal: 38, Proteine: 3,3 g, Kohlenhydrate: 10,9 g, Fette: 0,8 g

39. Heidelbeer-Ingwer-Saft

Zutaten:

200 g Heidelbeeren

1 kleine Ingwerknolle, geschält und gewürfelt

1 mittelgroße Blutorange, geschält

160 g dunkle Trauben

Zubereitung:

Heidelbeeren in ein Sieb geben. Gründlich unter kaltem, fließendem Wasser waschen und abtropfen. Messbecher füllen und den Rest im Kühlschrank aufbewahren.

Ingwer schälen und in kleine Stücke schneiden. Zur Seite stellen.

Orangen schälen und in Spalten schneiden. Jede Spalte halbieren und zur Seite legen.

Trauben waschen und in den Messbecher geben. Zur Seite stellen.

Heidelbeeren, Ingwer, Orange und Trauben in einen Entsafter geben und alles zu Saft verarbeiten. In einem Glas anrichten und vor dem Servieren ein paar Eiswürfel hinzugeben.

Guten Appetit!

Nährwertangaben pro Portion: Kcal: 254, Proteine: 4,1 g, Kohlenhydrate: 75,2 g, Fette: 1,5 g

40. Avocado-Papaya-Saft

Zutaten:

150 g Avocado, gewürfelt

1 kleine Papaya, gewürfelt

225 g Kirschen, halbiert

1 ganze Zitrone, geschält

¼ TL Zimt, gemahlen

30 ml Wasser

Zubereitung:

Avocado schälen und der Länge nach halbieren. Kern entfernt und in kleine Würfel scheiden. Messbecher füllen und den Rest für später aufbewahren.

Papaya schälen und in kleine Stücke schneiden. Zur Seite stellen.

Zitrone schälen und der Länge nach halbieren. Zur Seite stellen.

Avocado, Papaya und Zitrone in einen Entsafter geben und alles zu Saft verarbeiten. In einem Glas anrichten und Zimt und Wasser einrühren.

Vor dem Servieren für 15 Minuten kalt stellen und genießen!

Nährwertangaben pro Portion: Kcal: 343, Proteine: 5,8 g, Kohlenhydrate: 57,3 g, Fette: 22,8 g

41. Kürbis-Apfel-Saft

Zutaten:

115 g Kürbis, gewürfelt

1 kleiner Granny Smith, entkernt

1 mittelgroße Karotte, geschnitten

150 g Gurke, geschnitten

¼ TL Zimt, gemahlen

¼ TL Ingwer, gemahlen

Zubereitung:

Kürbis halbieren und Kerne entfernen. Waschen und ein große Spalte abschneiden. Schälen und in kleine Würfel schneiden. Messbecher füllen und den Rest im Kühlschrank aufbewahren.

Apfel waschen und der Länge nach halbieren. Kerne entfernen und in kleine Stücke schneiden. Zur Seite stellen.

Karotten waschen und schälen. In dünne Scheiben schneiden und zur Seite stellen.

Gurke waschen und in dünne Scheiben schneiden. Messbecher füllen und den Rest für später aufbewahren.

Kürbis, Apfel, Karotten und Gurke in einen Entsafter geben und alles zu Saft verarbeiten. In einem Glas anrichten und Zimt und Ingwer einrühren.

Vor dem Servieren für 10 Minuten kalt stellen.

Nährwertangaben pro Portion: Kcal: 121, Proteine: 2,7 g, Kohlenhydrate: 34,8 g, Fette: 0,6 g

42. Pfirsich-Limetten-Saft

Zutaten:

2 große Pfirsiche, entsteint

1 ganze Limette, geschält

225 g Aprikosen, geschnitten

1 große Banane, geschält

Zubereitung:

Pfirsiche waschen und halbieren. Kerne entfernen und in mundgerechte Stücke schneiden. Zur Seite stellen.

Limette schälen und grob hacken. Den Limettensaft beim Schneiden auffangen.

Aprikosen waschen und halbieren. Kerne entfernen und in kleine Stücke schneiden. Messbecher füllen und zur Seite stellen.

Banane schälen und in Stücke schneiden. Zur Seite stellen.

Pfirsiche, Limette, Aprikosen und Banane in einen Entsafter geben und alles zu Saft verarbeiten. In einem Glas anrichten und vor dem Servieren etwas zerstoßenes Eis zugeben.

Guten Appetit!

Nährwertangaben pro Portion: Kcal: 299, Proteine: 7,2 g, Kohlenhydrate: 86,5 g, Fette: 2 g

43. Artischocken-Spinat-Saft

Zutaten:

1 mittelgroße Artischocke, gewürfelt

225 g frischer Spinat, gehackt

150 g grüne Bohnen, gewürfelt

1 kleine grüne Paprika, geschnitten

1 kleine Ingwerknolle, geschält und geschnitten

Zubereitung:

Die äußeren Blätter der Artischocke mit einem scharfen Gemüsemesser entfernen. Waschen und in mundgerechte Stücke schneiden. Zur Seite stellen.

Spinat in einem Sieb unter kaltem, fließendem Wasser gründlich waschen. In kleine Stücke schneiden und zur Seite stellen.

Bohnen in einen großen Topf geben. 240 ml Wasser hinzugeben und zum Kochen bringen. Für 5 Minuten kochen und vom Herd nehmen. Zum Kühlen zur Seite stellen.

Paprika waschen und halbieren. Kerne und Stiel entfernen. In kleine Ringe schneiden und zur Seite stellen.

Ingwerwurzel schälen und in kleine Stücke schneiden. Zur Seite stellen.

Artischocke, Spinat, grüne Bohnen, Paprika und Ingwer in einen Entsafter geben und alles zu Saft verarbeiten. In einem Glas anrichten und vor dem Servieren 10 Minuten kalt stellen.

Nährwertangaben pro Portion: Kcal: 95, Proteine: 11,9 g, Kohlenhydrate: 29,4 g, Fette: 1,3 g

44. Orangen-Birnen-Saft

Zutaten:

1 mittelgroße Orange, geschält

1 mittelgroße Birne, gewürfelt

1 ganze Pflaume, entsteint

1 ganze Zitrone, geschält

30 ml Wasser

Zubereitung:

Orangen schälen und in Spalten schneiden. Jede Spalte halbieren und zur Seite legen.

Birne waschen und halbieren. Kerne entfernen und in kleine Stücke schneiden. Zur Seite stellen.

Pflaume waschen und halbieren. Kern entfernen und in kleine Stücke schneiden.

Zitrone schälen und vierteln. Zur Seite stellen.

Orange, Birne, Pflaume und Zitrone in einen Entsafter geben und alles zu Saft verarbeiten. In einem Glas anrichten und Wasser einrühren.

Für etwas extra Geschmack etwas Minze zugeben. Dies ist

optional.

Etwas zerstoßenes Eis zugeben und sofort servieren.

Nährwertangaben pro Portion: Kcal: 166, Proteine: 2,9 g, Kohlenhydrate: 55,4 g, Fette: 0,8 g

45. Karotten-Grapefruit-Saft

Zutaten:

2 mittelgroße Karotten, geschnitten

1 ganze Grapefruit, in Spalten geschnitten

75 g Römersalat, gehackt

20 g frische Minze, gehackt

1 ganze Limette, geschält

Zubereitung:

Karotten waschen und schälen. In dünne Scheiben schneiden und zur Seite stellen.

Grapefruit schälen und in Spalten schneiden. Jede Spalte halbieren und zur Seite legen.

Salat gründlich unter kaltem, fließendem Wasser waschen. Hacken und in den Messbecher geben. Den Rest für später aufbewahren.

Minze waschen und in eine mittelgroße Schüssel geben. 240 ml heißes Wasser und 10 Minuten ziehen lassen. Etwas abtropfen und zur Seite stellen.

Limette schälen und der Länge nach halbieren. Zur Seite

stellen.

Karotten, Grapefruit, Salat, Minze und Limette in einen Entsafter geben und alles zu Saft verarbeiten. In einem Glas anrichten und vor dem Servieren etwas zerstoßenes Eis zugeben.

Guten Appetit!

Nährwertangaben pro Portion: Kcal: 147, Proteine: 4,7 g, Kohlenhydrate: 46,8 g, Fette: 1,1 g

46. Mangoldsaft

Zutaten:

72 g Mangold, gehackt

140 g frischer Kohl, gehackt

100 g Kohlblätter, gehackt

1 ganze Zitrone, geschält

150 g Gurke, geschnitten

¼ TL Ingwer, gemahlen

Zubereitung:

Mangold, Kohl, und Kohlblätter in ein großes Sieb geben. Gründlich unter kaltem, fließendem Wasser waschen. Etwas abtropfen und grob hacken. Zur Seite stellen.

Zitrone schälen und der Länge nach halbieren. Zur Seite stellen.

Gurke waschen und in dünne Scheiben schneiden. Messbecher füllen und den Rest im Kühlschrank aufbewahren. Zur Seite stellen.

Mangold, Kohl, Kohlblätter, Zitrone und Gurke in einen Entsafter geben. Alles zu Saft verarbeiten.

In einem Glas anrichten und Ingwer einrühren.

Kalt servieren.

Nährwertangaben pro Portion: Kcal: 57, Proteine: 6,3 g, Kohlenhydrate: 17,8 g, Fette: 1,2 g

47. Brokkoli-Rosenkohl-Saft

Zutaten:

180 g Brokkoli, gewürfelt

100 g Rosenkohl, halbiert

150 g Gurke, geschnitten

1 ganze Limette, geschält

¼ TL Ingwer, gemahlen

Zubereitung:

Brokkoli waschen und die äußeren Blätter entfernen. In kleine Stücke schneiden und in den Messbecher geben. Zur Seite stellen.

Rosenkohl waschen und die äußeren Blätter entfernen. Halbieren und in den Messbecher geben. Den Rest im Kühlschrank aufbewahren.

Gurke waschen und in dünne Scheiben schneiden. Messbecher füllen und den Rest für später aufbewahren. Zur Seite stellen.

Limette schälen und der Länge nach halbieren.

Brokkoli, Rosenkohl, Gurke und Limette in einen Entsafter

geben und alles zu Saft verarbeiten. In einem Glas anrichten und Ingwer einrühren.

Ein paar Eiswürfel zugeben und sofort servieren.

Nährwertangaben pro Portion: Kcal: 63, Proteine: 6,1 g, Kohlenhydrate: 19,5 g, Fette: 1,2 g

48. Brombeer-Avocado-Saft

Zutaten:

290 g Brombeeren

150 g Avocado, gewürfelt

1 mittelgroßer Apfel, entkernt

¼ TL Ingwer, gemahlen

Zubereitung:

Brombeeren in ein Sieb geben und gründlich unter kaltem, fließendem Wasser waschen. Etwas abtropfen und zur Seite stellen.

Avocado schälen und der Länge nach halbieren. Kern entfernt und in kleine Würfel scheiden. Messbecher füllen und den Rest im Kühlschrank aufbewahren.

Apfel waschen und halbieren. Kerne entfernen und in mundgerechte Stücke schneiden. Zur Seite stellen.

Brombeeren, Avocado und Apfel in einen Entsafter geben und alles zu Saft verarbeiten. In einem Glas anrichten und Ingwer einrühren.

Etwas Eis zugeben und sofort servieren.

Nährwertangaben pro Portion: Kcal: 342, Proteine: 7,7 g, Kohlenhydrate: 63,2 g, Fette: 23,7 g

49. Himbeer-Birnen-Saft

Zutaten:

125 g Himbeeren

1 große Birne, gewürfelt

1 ganze Zitrone, geschält

1 kleiner grüner Apfel, entkernt

Zubereitung:

Himbeeren in einem Sieb gründlich waschen. Etwas abtropfen und zur Seite stellen.

Birne waschen und halbieren. Kerne entfernen und in mundgerechte Stücke schneiden. Zur Seite stellen.

Zitrone schälen und der Länge nach halbieren. Zur Seite stellen.

Apfel waschen und halbieren. Kerne entfernen und in kleine Stücke schneiden. Zur Seite stellen.

Himbeeren, Birne, Zitrone und Apfel in einen Entsafter geben und alles zu Saft verarbeiten. In einem Glas anrichten und Vor dem Servieren etwas Eis zugeben.

Guten Appetit!

Nährwertangaben pro Portion: Kcal: 214, Proteine: 3,6 g, Kohlenhydrate: 74,7 g, Fette: 1,6 g

50. Kokos-Kürbis-Saft

Zutaten:

125 g Butternusskürbis, geschnitten

1 mittelgroße Birne, gewürfelt

150 g Gurke, geschnitten

1 ganze Limette, geschält

30 ml Kokoswasser

Zubereitung:

Butternusskürbis schälen und die Kerne mit einem Löffel entfernen. In kleine Würfel schneiden und in den Messbecher geben. Den Rest des Kürbis für ein anderes Rezept aufbewahren. In Frischhaltefolie wickeln und kühl stellen.

Birne waschen und halbieren. Kerne entfernen und in kleine Stücke schneiden. Zur Seite stellen.

Gurke waschen und in dünne Scheiben schneiden. Messbecher füllen und den Rest im Kühlschrank aufbewahren. Zur Seite stellen.

Limette schälen und der Länge nach halbieren. Zur Seite stellen.

Kürbis, Birne, Gurke und Limette in einen Entsafter geben. Alles zu Saft verarbeiten. In einem Glas anrichten und das Kokoswasser einrühren.

Etwas Eis zugeben und sofort servieren.

Nährwertangaben pro Portion: Kcal: 120, Proteine: 2,4 g, Kohlenhydrate: 37,6 g, Fette: 0,7 g

51. Kiwi-Papaya-Saft

Zutaten:

4 ganze Kiwis, geschält

2 kleine Papayas, gewürfelt

1 EL frischer Basilikum, grob gehackt

1 große Banane, geschält

150 g Gurke, geschnitten

Zubereitung:

Kiwis schälen und halbieren. Zur Seite stellen.

Papaya schälen und halbieren. Kerne entfernen und in kleine Stücke schneiden. Zur Seite stellen.

Banane schälen und in Stücke schneiden. Zur Seite stellen.

Gurke waschen und in dünne Scheiben schneiden. Messbecher füllen und den Rest für später aufbewahren. Zur Seite stellen.

Kiwis, Papaya, Basilikum, Banane und Gurke in einen Entsafter geben und alles zu Saft verarbeiten. In einem Glas anrichten und Vor dem Servieren etwas Eis zugeben.

Guten Appetit!

Nährwertangaben pro Portion: Kcal: 365, Proteine: 6,5 g, Kohlenhydrate: 107 g, Fette: 2,8 g

52. Paprika-Brokkoli-Saft

Zutaten:

1 große rote Paprika, gewürfelt

180 g Brokkoli, gewürfelt

150 g Gurke, geschnitten

1 große Selleriestange, gewürfelt

¼ TL Ingwer, gemahlen

Zubereitung:

Paprika waschen und halbieren. Kerne und Stiel entfernen. In dünne Scheiben schneiden und zur Seite stellen.

Brokkoli waschen und die äußeren Blätter entfernen. In kleine Stücke schneiden und zur Seite stellen.

Gurke waschen und in dünne Scheiben schneiden. Messbecher füllen und den Rest im Kühlschrank aufbewahren.

Selleriestange waschen und in kleine Stücke schneiden. Zur Seite stellen.

Paprika, Brokkoli, Gurke und Sellerie in einen Entsafter geben und alles zu Saft verarbeiten. In einem Glas anrichten und Ingwer einrühren.

Vor dem Servieren für 10 Minuten kalt stellen.

Nährwertangaben pro Portion: Kcal: 71, Proteine: 4,9 g, Kohlenhydrate: 19,7 g, Fette: 1 g

53. Cantaloupe-Melone-Orangen-Saft

Zutaten:

160 g Cantaloupe-Melone, gewürfelt

1 kleine Orange, geschält

20 g frische Minze, gerupft

1 ganze Zitrone, geschält

¼ TL Ingwer, gemahlen

Zubereitung:

Cantaloupe-Melone halbieren. Kerne entfernen und eine mittelgroße Spalte abschneiden. Waschen und in kleine Stücke schneiden. Den Rest der Cantaloupe-Melone im Kühlschrank aufbewahren.

Orangen schälen und in Spalten schneiden. Jede Spalte halbieren und zur Seite legen.

Minze gründlich unter kaltem, fließendem Wasser waschen. Etwas abtropfen und mit den Händen rupfen. Zur Seite stellen.

Zitrone schälen und der Länge nach halbieren. Zur Seite stellen.

Cantaloupe-Melone, Orange, Minze und Zitrone in einen Entsafter geben und alles zu Saft verarbeiten. In einem Glas anrichten und Ingwer einrühren.

Vor dem Servieren etwas Eis zugeben und genießen!

Nährwertangaben pro Portion: Kcal: 104, Proteine: 3,8 g, Kohlenhydrate: 33,2 g, Fette: 0,8 g

54. Tomaten-Gemüse-Saft

Zutaten:

7 Kirschtomaten, halbiert

72 g Mangold, gerupft

200 g Kohlblätter, gerupft

150 g Gurke, geschnitten

1 ganzer Lauch, gewürfelt

Zubereitung:

Tomaten waschen und den Stengel entfernen. Tomaten halbieren und zur Seite legen.

Mangold und Kohlblätter in ein großes Sieb geben. Gründlich unter kaltem, fließendem Wasser waschen. Etwas abtropfen und mit den Händen rupfen. Zur Seite stellen.

Gurke waschen und in dünne Scheiben schneiden. Messbecher füllen und den Rest für später aufbewahren.

Lauch waschen und in kleine Stücke schneiden. Zur Seite stellen.

Tomaten, Mangold, Kohlblätter, Gurke und Lauch in einen

Entsafter geben und alles zu Saft verarbeiten. In einem Glas anrichten und vor dem Servieren 10 Minuten kalt stellen.

Nährwertangaben pro Portion: Kcal: 91, Proteine: 6,2 g, Kohlenhydrate: 25,7 g, Fette: 1,1 g

55. Mango-Zitrus-Saft

Zutaten:

165 g Mango, gewürfelt

1 ganze Zitrone, geschält

1 ganze Limette, geschält

1 kleiner grüner Apfel, entkernt

1 EL Kokoswasser

¼ TL Zimt, gemahlen

Zubereitung:

Mango schälen und in kleine Stücke schneiden. Messbecher füllen und den Rest für später aufbewahren.

Zitrone und Limette schälen. Jede Frucht halbieren und zur Seite legen.

Apfel waschen und halbieren. Kerne entfernen und in mundgerechte Stücke schneiden. Zur Seite stellen.

Mango, Zitrone, Limette und Apfel in einen Entsafter geben und alles zu Saft verarbeiten. In einem Glas anrichten und Kokoswasser und Zimt einrühren.

Etwas zerstoßenes Eis zugeben und sofort servieren.

Nährwertangaben pro Portion: Kcal: 178, Proteine: 2,8 g, Kohlenhydrate: 53,4 g, Fette: 1,1 g

56. Rüben-Kohl-Saft

Zutaten:

1 ganze Rübe, geschnitten

140 g frischer Kohl, gerupft

1 kleiner grüner Apfel, entkernt

1 kleine Orange, geschält

¼ TL Ingwer, gemahlen

Zubereitung:

Rübe waschen und abschneiden. Leicht schälen und in dünne Scheiben schneiden. Zur Seite stellen.

Kohl in ein Sieb geben und unter kaltem, fließendem Wasser waschen. Abtropfen und mit den Händen rupfen. Zur Seite stellen.

Apfel waschen und halbieren. Kerne entfernen und in mundgerechte Stücke schneiden. Zur Seite stellen.

Orangen schälen und in Spalten schneiden. Jede Spalte halbieren und zur Seite legen.

Rübe, Kohl, Apfel und Orange in einen Entsafter geben und alles zu Saft verarbeiten. In einem Glas anrichten und

Ingwer einrühren.

Etwas zerstoßenes Eis zugeben und sofort servieren.

Nährwertangaben pro Portion: Kcal: 153, Proteine: 5,7 g, Kohlenhydrate: 44,6 g, Fette: 1,1 g

57. Heidelbeer-Kiwi-Saft

Zutaten:

100 g Heidelbeeren

2 ganze Kiwis, geschält

1 ganze Zitrone, geschält

160 g Cantaloupe-Melone, gewürfelt

1 EL Kokoswasser

Zubereitung:

Heidelbeeren in ein Sieb geben. Gründlich waschen und abtropfen. Zur Seite stellen.

Kiwis und Zitrone schälen. Der Länge nach halbieren und zur Seite legen.

Cantaloupe-Melone halbieren. Kerne entfernen und eine große Spalte abschneiden. Waschen und in kleine Stücke schneiden. Messbecher füllen und den Rest der Cantaloupe-Melone im Kühlschrank aufbewahren.

Heidelbeeren, Kiwis, Zitrone und Cantaloupe-Melone in einen Entsafter geben und alles zu Saft verarbeiten. In einem Glas anrichten und das Kokoswasser einrühren.

Vor dem Servieren für 10 Minuten kalt stellen.

Nährwertangaben pro Portion: Kcal: 196, Proteine: 4,6 g, Kohlenhydrate: 59,8 g, Fette: 1,6 g

58. Blumenkohl-Spinat-Saft

Zutaten:

5 Blumenkohlröschen, gewürfelt

225 g frischer Spinat, gerupft

450 g Granatapfelkerne

30 ml Wasser

¼ TL Ingwer, gemahlen

Zubereitung:

Blumenkohl waschen und in kleine Stücke schneiden. Messbecher füllen und den Rest für später aufbewahren.

Spinat gründlich unter fließendem Wasser waschen. Mit den Händen rupfen und zur Seite stellen.

Mit einem scharfen Gemüsemesser den Granatapfel oben abschneiden. An jeder weißen Membrane in der Frucht entlang schneiden. Die Kerne in einen Messbecher geben und zur Seite stellen.

Blumenkohl, Spinat und Granatapfel in einen Entsafter geben und alles zu Saft verarbeiten. In einem Glas anrichten und Wasser und Ingwer einrühren.

Etwas Eis zugeben und sofort servieren.

Nährwertangaben pro Portion: Kcal: 162, Proteine: 3,1 g, Kohlenhydrate: 47,6 g, Fette: 1,6 g

WEITERE TITEL DIESES AUTORS

70 Effektive Rezepte um Übergewicht zu Vermeiden und Gewicht zu Verlieren: Fett schnell verbrennen durch die Verwendung von richtiger Diät und kluger Ernährung

von Joe Correa CSN

48 Rezepte zur Verminderung von Akne: Der schnelle und natürliche Weg zum Beheben Ihres Akne-Problems in weniger als 10 Tagen!

von Joe Correa CSN

41 Rezepte zur Vorbeugung von Alzheimer: Verringern oder Beseitigung des Alzheimer Zustandes in 30 Tagen oder weniger!

von Joe Correa CSN

70 wirksame Rezepte bei Brustkrebs: Vorbeugen und bekämpfen von Brustkrebs mit kluger Ernährung und kraftvollen Lebensmitteln

von Joe Correa CSN

www.ingramcontent.com/pod-product-compliance
Lightning Source LLC
Chambersburg PA
CBHW030329080526
44584CB00012B/785